IMPRIMERIE DE PH. CORDIER,
rue du Ponceau, 24.

Audiences des 15 et 14 Décembre 1850.

AFFAIRE DES 67 ACCUSÉS

DE MARIE-GALANTE.

Depuis longtemps l'opinion publique se préoccupait du dénouement de cette affaire devant la Cour suprême et des retards inexplicables, inexpliqués encore, qu'a éprouvés la transmission des pièces en France. L'arrêt de condamnation rendu par la Cour d'assises extraordinaires de la Basse-Terre, est du 18 avril 1850. Les pièces ne sont arrivées au greffe de la Cour de Cassation que *le* 31 *octobre*, date précise d'enregistrement. Il n'a pas fallu moins de six mois entiers pour la simple transmission du recours en cassation de vingt-un condamnés subissant provisoirement une dure captivité hors leur terre natale!... En quelques semaines du moins, à la Cour de cassation, le rapporteur, l'avocat général, le défenseur des condamnés avaient terminé leurs travaux sur cette énorme procédure : et l'affaire pouvait être portée à l'audience.

Après le rapport de M. le conseiller Victor Foucher, qui a soigneusement exploré tous les incidents de la procédure et des débats, et présenté l'anlayse des moyens proposés à l'appui du pourvoi, la parole a été donnée à l'avocat des demandeurs en cassation qui sont au nombre de vingt-un seulement sur les quarante-un condamnés, savoir : Germain, Jean-

François, dit Cétout, un an de prison et 100 francs d'amende, pour délit électoral ; — Jean-Pierre, de l'habitation Laman, deux ans de prison ; — Germain-Zami Claudic ; — Jean Laurent, dit Gringrin ; — Faustin Jean-Baptiste ; — Saint-Pierre, habitation Mayombé ; — Claude, — Nelson, dit Louis Beaurenom ; — Hypolite ; — tous condamnés à cinq ans de réclusion ; — Guillaume-Saint-Cyr ; — Sainte-Rose-Louis-Rémy Arsonneau ; condamnés à six ans de la même peine ; — Germain, habitation Hotessier, huit ans de la même peine ; — Michel Charleson ; — Saint-Aubin ; — Nègre : — Alonzo ; — Jean-Baptiste, habitation Bonnet ; — Montlouis, dix ans de la même peine ; — Bayo Hypolite ; — Auguste, dit petit Auguste, vingt ans de travaux forcés ; — Lucien, travaux forcés à perpétuité.

Me Gatine a présenté successivement à l'appui du pourvoi onze moyens de cassation. On se borne à reproduire ici quelques passages seulement de sa plaidoierie écoutée avec une religieuse attention.

« Voici, messieurs, a-t-il dit, en commençant, voici se lever enfin le jour de votre justice sur cette affaire si grave dont les débats remplirent trente jours d'audience devant la Cour d'assises de la Basse-Terre, et qui pourtant doit se renfermer ici, devant ce haut Tribunal de la loi, dans une rapide discussion de questions purement légales. Tout au plus, en passant, nous sera-t-il permis d'effleurer les faits et d'en indiquer le véritable caractère...

« Tout d'abord, vos regards doivent se porter même sur des faits antérieurs aux débats, sur des circonstances qui sont aujourd'hui de notoriété publique, et que je qualifierai seulement d'étranges anomalies, pour rester dans le langage de la modération. Les accusés eux-mêmes, dans leur déclaration de pourvoi, ont formulé ainsi leur premier moyen, leur première protestation contre l'arrêt qui les condamne : « Privation de juges et d'assesseurs naturels de- » vant la chambre d'accusation et devant la Cour d'assises. »

C'est qu'en effet, ils avaient pour juge naturel, notamment un honorable magistrat qui avait été régulièrement désigné pour présider les assises, et qui fut enlevé à cette mission au moyen d'une quasi déportation administrative. Cet honorable magistrat, par mesure concertée entre les gouverneurs des deux colonies, fut envoyé de la Guadeloupe à la Martinique. Cette énormité qui plaide si puissamment pour l'application aux colonies du principe de l'inamovibilité des juges, fut dénoncée à la tribune, par l'honorable M. Perrinon, représentant de la Guadeloupe, et voici quelles furent les explications du ministre de la marine, M. de Tracy :

« En effet, d'après les renseignements qui nous sont parvenus, un magistrat
» avait été désigné pour présider les Assises à la Guadeloupe, Assises très-im-
» portantes, puisqu'il s'agit de décider devant elles du sort des personnes
» inculpées dans les troubles et les malheurs de la Guadeloupe et de Marie-
» Galante. Le gouverneur a cru que le magistrat désigné pour présider aux
» assises n'avait pas dans des circonstances récentes, manifesté toute l'impartialité
» désirable; lui, sur les lieux était à même d'en juger. Jusque là rien de mieux ;
» mais il a cru, et là il s'est trompé, qu'il pouvait rappeler de la Guadeloupe,
» ce conseiller, et envoyer à sa place un autre magistrat qu'il croyait dans une
» situation plus convenable.
« Je me suis adressé à mon collègue de la justice, ajoute M. le ministre.
« M. le ministre de la justice, tout en rendant hommage aux intentions loyales
» et que personne ne mettra en doute, de M. l'amiral Bruat, a cru qu'il avait
» mal interprété et outre-passé les pouvoirs fort étendus que l'ordonnance
» de 1827, donne aux gouverneurs des Colonies, et immédiatement il m'a fait
» connaître son avis. Il m'a dit que la décision du gouverneur devait-être annulée
» et que les magistrats devaient être rétablis dans les fonctions auxquelles ils
» étaient régulièrement appelés.
« Voilà Messieurs le fait que je tenais à rectifier d'une manière exactement
» conforme à la vérité. » — *Séance du 18 octobre 1849.— Moniteur du 19.*

« Ainsi, un acte illégal de l'administration coloniale fut annulé, et le magistrat fut réintégré dans son siége, à la Cour d'appel de la Guadeloupe; mais il n'a pas néanmoins présidé les assises. Un autre fut désigné et présida.

« Quant aux assesseurs, les accusés habitants de Marie-Galante, île où s'étaient d'ailleurs accomplis les faits de l'accusation, devaient avoir régulièrement pour juges les assesseurs de l'arrondissement de la Pointe-à-Pitre. Ils ont été distraits de ces juges naturels au moyen d'une convocation d'assises extraordinaires à la Basse-Terre. »

Rattachant à ce fait l'examen de la notification de la liste des assesseurs aux soixante-sept accusés, Me Gatine fait remarquer que la copie de cette liste certifiée par le procureur-général ne contient pas l'indication du *domicile*, ni de l'âge de chacun des assesseurs. Il en conclut qu'à défaut de ces indications formellement exigées par l'art. 181 de l'ordonnance organique du 24 septembre 1828, les accusés, dépaysés, transportés d'un arrondissement de Cour d'assises dans un autre, d'une île même dans une autre île, n'ont pas été mis par le ministère public en mesure d'exercer utilement leur droit de récusation. Cent arrêts de la Cour, ajoute Me Gatine, ont cassé pour des omissions beaucoup moins graves assurément dans la notification de la liste *des jurés* en France. L'avocat insiste encore sur d'autres violations des lois de la procédure criminelle, en ce qui touche l'ordre des récusations, la constatation de la publicité des débats, après les suspensions d'audience ; puis il signale comme un des principaux points d'appui du pourvoi, l'incident auquel ont donné lieu les contradictions et variations des témoins ou des accusés eux-mêmes.

« Il y a eu là, dit-il, une violation flagrante de l'art. 318 du Code d'instruction criminelle, et c'est un des détails de cette affaire qui doivent le plus préoccuper la Cour régulatrice. Il y avait soixante-sept accusés entassés dans ce procès, des témoins, pour ainsi dire innombrables ; nombreuses aussi par conséquent les contradictions et variations entre le débat oral et l'instruction écrite. L'un des défenseurs, Me Pory-Papy, que nous avons tous connu ici, à l'assemblée constituante, en a demandé acte par des conclusions formelles ; et cet acte, la cour d'assises l'a refusé ! Comment ? Parce qu'elle aurait nié en fait les contradictions et variations signalées ?... Pas le moins du monde ; mais uniquement par ce motif, qu'*il était trop tard !* Comment est-il jamais trop tard pour confondre l'imposture et le faux témoignage, pour garantir à l'accusé ou à l'accusation elle-même la vérité du débat ! Ceci révolte d'abord la raison et le sentiment de la justice. Mais c'est de plus une infraction à la loi écrite. Lisez l'article 318. « Le président FERA tenir note *des changements,* etc., le » procureur-général et l'accusé pourront requérir le président » de faire tenir note... » Il y a là un *devoir* pour le président directeur des débats, un devoir qu'il doit remplir même d'office. De leur côté, l'accusation et la défense ont, là aussi, un *droit* dont l'exercice n'est soumis à aucune déchéance résultant de la tardiveté. Admettre cette déchéance en soutenant que l'accusé qui veut obtenir acte des contradictions ou variations doit le demander au *moment même de la déposition de chaque témoin,* c'est ajouter à la loi. Si le président lui-même à qui la loi enjoint de faire tenir note, même d'office, de toute altération apparente de la vérité, ne faisait constater des contradictions ou variations, qu'au moment de la clôture des débats, est-ce que l'accusation ou la défense pourraient s'y opposer, et soutenir qu'il serait trop tard. Évidemment non. La réciproque est donc incontestable aussi pour le droit de réquisition que la loi accorde, soit au procureur-général, soit à l'accusé. Les souvenirs, dit-on, s'effacent dans un long débat, et le contrôle devient difficile. Comment ! *quinze faits* de contradictions ou variations ont été côtés dans les conclusions de Me Pory-Papy; et d'aucun, de pas un seul, la Cour d'assises n'aura conservé la mémoire ? même de ceux *dont elle a tenu note,* puisqu'enfin les conclusions non démenties en ce point par la Cour d'assises portent expressément : donner acte des quinze faits. « Et de tous autres changements ou variations entre l'instruc- » tion écrite et les débats oraux *dont la Cour a tenu note,* et » qui auraient une importance pour la discussion ! » Encore un coup, la Cour d'assises n'a rien nié en fait ; elle s'est borné à dire : il est trop tard ; erreur de droit dont on n'a peut-être pas aperçu les conséquences. Comment l'arrêt sera-t-il sanctionné par la conscience publique, comment devra-t-il passer pour la vérité même, selon l'axiôme *rex judicata pro veritate habetur*, si le débat n'a pas été purgé de tout ce qui pouvait ressembler au mensonge ?

« Une autre réquisition de la défense, continue Mᵉ Gatine, a eu pour objet de faire poser *des questions dans le sens des art. 213, 321 et 341 du Code pénal.* Nous sommes ici dans le vif de l'affaire, car il s'agissait précisément de constater par appréciation judiciaire, la portée et le caractère vrai de tous ces faits qui auraient constitué d'abord un vaste complot avorté dans l'instruction même, puis des crimes et des délits individuels entraînant jusqu'à la peine capitale contre un grand nombre d'accusés.

« Les questions dont on réclamait la position étaient, pour les accusés de *rébellion*, s'ils ne s'étaient pas *retirés* au premier avertissement des autorités civiles ou militaires, ou s'ils n'avaient pas été saisis même depuis, hors des lieux de la rébellion, sans résistance et sans armes ; cas auquel il *ne doit être prononcé aucune peine*, d'après les art. 213 et 100 du Code pénal. — Pour les accusés de *meurtre* ou de *tentative de meurtre*, « si ces actes n'avaient pas été provoqués *par des coups* » *ou violences graves envers les personnes* ; » cas auxquels ils sont *excusables* d'après l'art. 321. — Pour les accusés de *pillages* et *dégâts,* « s'ils n'avaient pas été *entraînés par des* » *provocations ou sollicitations* à prendre part à ces violences », dans les termes de l'art. 441.

« On demandait la position de ces questions *comme résultant des débats*, et la Cour d'assises les a refusées comme ne résultant pas des débats, dans son appréciation.

« Nous pouvons dire qu'en ce point, la Cour d'assises et la défense ont fait erreur l'une et l'autre ; car la circonstance que les questions réclamées seraient résultées des débats ou n'en seraient pas résultées, était indifférente. Que demandait-on ? Que la Cour s'interrogeat sur l'*excusabilité* des accusés dans des cas prévus par la loi. Ceci est fort différent du cas où il s'agit de poser des *questions de fait* qui ne résultent pas de l'arrêt de renvoi, mais qui peuvent résulter des débats, et qui sont seulement modificatives de l'accusation première décrétée par la Chambre des mises en accusation. On se trouve alors dans les termes de l'art. 338 du Code d'instruction criminelle qui laissent, en effet, une certaine latitude d'appréciation aux Cours d'assises. Au contraire, la défense était ici dans les termes de l'art. 339 qui est impératif. «Lorsque l'accusé aura proposé pour excuse *un fait admis comme tel par la loi*, le président *devra* poser la question ainsi qu'il suit, tel fait est-il constant? » Et d'après la loi du 22 juin 1835 qui applique aux colonies la réforme des Codes d'instruction criminelle et pénal, cette disposition est prescrite *à peine de nullité*, parce qu'en effet, il s'agit d'un droit absolu de la défense. Le seul point qui fut à examiner, c'était si les accusés invoquaient des excuses *légales*. Or, à cet égard, aucun doute n'était permis. Quels seraient les cas d'excuse admis par la loi, si on ne les trouvait pas dans les art. 100-213-321-441 du Code pénal, soit au profit du rebelle qui, *se retire*, averti par l'autorité, soit au profit du meurtrier qui a été *provoqué* par des coups ou violences envers lui-même, ou de ceux que l'*entraînement* par provocations ou sollicitations a seul poussés au pillage ?

« Je conclus que les questions devaient être posées dès qu'elles étaient réclamées par les accusés. Admettre un système contraire, ce serait laisser aux Cours d'assises coloniales, en ce qui touche l'*excusabilité*, un plein pouvoir incompatible avec les garanties nécessaires au droit sacré de la défense. Et cet arbitraire, pour qui le revendiquerait-on ? Pour des juges *amovibles*, pour des jurés bâtards, qui auraient pu dans cette seule affaire prononcer jusqu'à trente-trois condamnations capitales, puisqu'enfin l'accusation les demandait ! Non; il s'agit ici de ces grands principes de philosophie sociale et d'humanité qui sont au fond du droit public français. Ces grands principes, on l'oublie trop souvent, doivent pénétrer

aux colonies, bien qu'elles soient régies par des lois particu-
lières, car les colonies sont encore la France ; et c'est pourquoi
la réforme des Codes criminels y fut introduite en 1835.

Me Gatine discute ensuite un moyen pris de la fausse application de la peine, en ce qui touche particulièrement les accusés de rébellion. Il établit que dans les termes des déclarations
de culpabilité sur ce point, rapprochés des articles 210-211
et 214 du Code pénal, l'emprisonnement correctionnel aurait
pu seul être prononcé contre eux, et non pas la peine infa-
mante de la réclusion ; puis il passe aux moyens concernant
en particulier l'accusé Alonzo.

« Alonzo ! Étranges et tristes vicissitudes des choses d'ici-
bas ! Ah ! ce n'est pas sans émotion que je prête ici le secours
de ma parole à cet accusé. Naguère encore, lorsque le grand
jour de l'émancipation s'était levé, lorsque j'apportais aux
populations de la Guadeloupe le décret libérateur, je vis
Alonzo, à Marie-Galante. De la condition d'esclave il s'était
élevé à l'état d'homme libre par son travail et l'énergie de sa
volonté. Il s'était ensuite créé un commerce, et un patri-
moine ; auprès de lui ses anciens compagnons d'infortune,
esclaves toujours, avaient trouvé naturellement bon accueil,
assistance et secours. Il était comme le centre des mille liens
de la solidarité qu'avait créée entre les noirs l'oppression
commune du régime servile. Il avait, en un mot, une grande
influence. Quel usage en faisait-il, et quelle reconnaissance
lui a-t-on gardée de services incontestables ? Voici ce que ré-
vèle le procès-verbal des débats lui-même, treizième audience,
29 mars :

« Victor Bothuau Roussel, témoin, déclare qu'étant le premier de ceux qui
» devaient déposer à l'audience, on l'avait fait rester dans une chambre qui se
» trouve derrière les gradins où est placé sur le banc d'en haut l'accusé Alonzo.
» La porte se trouvant ouverte, et le sieur Alonzo profitant de cette circonstance,
» l'a interpellé et lui a dit : comment c'est vous qui avez signé LA DEMANDE DE MA
» DÉPORTATION ! *sans moi vous n'auriez pas le travail sur votre habitation,*
» *tandis que j'y ai ramené l'ordre et le travail.* »

» M. le président s'adressant à Alonzo lui a dit qu'il ne souffrirait pas que les

» témoins fussent menacés par les accusés et que dans son propre intérêt, il l'en-
» gageait à s'abstenir de toute manifestation de ce genre. »

Alonzo en imposait-il ? non. Comme Scipion, il aurait pu répondre à ses accusateurs : Par moi, par mon concours au moins, en 1848, l'ordre et le travail ont été maintenus à Marie-Galante, tous vos intérêts sauvegardés ; allons en rendre grâce aux Dieux.

« Voici des faits antérieurs au procès et publiés longtemps auparavant.

« A Marie-Galante, en 1848, le commissaire-général visitant les populations de cette île, avait réuni autour de lui, à la mairie de Grand'bourg, les principaux propriétaires, des cultivateurs, des citoyens de toutes les classes. Il tenait là, comme en beaucoup d'autres communes auparavant, les assises de l'organisation du travail libre. Le récit de cette séance est consigné ainsi dans le compte-rendu de sa mission :

« L'accusation d'*influence* s'élevait contre M. Alonzo dont le nom figure déjà
» honorablement dans cet écrit, (à l'occasion de sa nomination aux fonctions
» d'adjoint au maire de Grand-Bourg.) — Mais, Messieurs, répondit-il avec une
» grande modération, cette influence, je ne crois pas en avoir jamais mal usé ; et
» cela devrait être évident, pour vous, car beaucoup d'entre vous sont venus me
» trouver et m'ont demandé mon intervention pour le rétablissement du travail sur
» leurs habitations. J'ai accédé à leurs désirs et j'ai eu la satisfaction de réussir.
» — Le fait était vrai ; il ne fut pas denié. Il s'était produit dans beaucoup
» d'autres localités. Voilà ce qui s'est passé sous les yeux du commissaire général,
» en assemblée publique. Rois détrônés acceptant difficilement la déchéance, les
» colons n'en persistaient pas moins dans leurs incriminations passionnées, sans
» s'apercevoir qu'ils se montraient souvent ingrats envers des hommes auxquels
» sont dus en grande partie le succès de l'émancipation, la maintien de l'ordre et
» du travail, le salut des Colonies. Voilà ce que dira sans doute un jour l'impar-
» tialité de l'histoire. . . . . . (1).

« Le jeune et habile défenseur d'Alonzo s'emparait de ce témoignage devant la Cour d'assises.

« Cette solennelle déclaration, disait-il, sortie des méditations du cabinet
» après les émotions de la vie publique ; cette déposition antérieure au procès,
» cette voix d'outre-mer jetée par le hasard comme une défense providentielle

---

(1) Abolition de l'Esclavage à la Guadeloupe et quatre mois de gouvernement dans cette Colonie. — Par Ad. Gatine, — Paris, 1849, — page 60.

» au milieu des graves conjonctures que nous traversons, tout ce témoignage
» emprunte du caractère particulier de son auteur une sorte d'irrésistible et
» mélancolique autorité..... (1).

« Voilà, messieurs, ce que je devais rappeler dans l'intérêt d'Alonzo, et pour donner toute leur puissance aux moyens de cassation qu'il présente.

La défense a dit que cette affaire était un procès à l'influence d'Alonzo, après une tentative de déportation. Ne pourrait-on pas le croire en présence de cet arrêt qui déclare Alonzo seulement coupable de complicité dans la rébellion, pour l'avoir provoqué par *machinations et artifices coupables!*

« Devant vous, nous demandons compte à l'arrêt de cette complicité dont il n'a pas spécifié les éléments en fait. Complice par machinations et artifices! Ah, ceci ne rappelle-t-il pas ces procès des colonies, ces condamnations effroyables, prononcées sur *véhément soupçon?* C'est aux colonies surtout qu'il faut préciser et spécifier les faits dont les citoyens peuvent être appelés à se justifier devant les tribunaux criminels... »

« Le dernier moyen ne concerne que les frais, mais il a son importance, car ces frais auxquels tous les accusés sont condamnés, chacun solidairement, s'élèvent à la somme de 28,161 fr. 67 c. Après les peines, c'est la ruine pour ceux des accusés qui se trouvent plus particulièrement exposés aux poursuites du fisc. L'ancien droit pénal admettait la *confiscation.* Qu'est-ce autre chose en réalité, cette condamnation en paiement de 28,161 fr. de frais exigibles par voie de contrainte par corps ? Les faits sont connexes, c'est-à-dire englobés dans une même procédure ; mais il n'en sont pas moins divers et distincts, soit par leurs qualifications légales, soit surtout par les temps et les lieux dans lesquels ils ont été accomplis.

« Ainsi, Alonzo et d'autres ont été déclarés seulement coupables des faits de rébellion du 25 juin, à Grand'bourg,

---

(1) Plaidoirie de M⁰ Percin, rapportée par la *Liberté*, n° 50.

soit comme auteurs, soit comme complices. Ensuite sont sur-
venus les collisions, les attaques, les incendies, les dévasta-
tions, tous actes commis dans la journée du 26 juin, et dans
diverses localités. Alonzo, Rémy Arsonneau, Guillaume Saint,
Cyr, d'autres encore, sont absolument étrangers à ces faits.
Ils en ont été déclarés non coupables, ou n'en ont pas même
été accusés.

« En ce qui concerne Alonzo particulièrement, la Cour
d'assises qui l'a condamné comme complice des rébellions, a
répondu *seize fois*, sur autant de chefs principaux d'accusation : *non l'accusé n'est pas coupable !* Comment donc aurait-il
à supporter solidairement la totalité des énormes avances
faites par le trésor colonial ?...»

Mᵉ Gatine termine ainsi :

«A votre barre, messieurs, je ne viens pas incriminer les
politiques funestes suivies aux colonies presque constamment,
et qui produisent peut-être ces fruits amers, ces procédures
criminelles aux proportions d'hécatombes, le grand complot
de la grande Anse en 1834 à la Martinique, le grand complot
de Marie-Galante, en 1849; dans l'une de ces affaires, qua-
tre-vingt-quinze condamnés ; dans l'autre, quarante-un condamnés! Non ; à chaque jour suffit sa peine; ce que je viens
vous demander, c'est une cassation au nom de la *légalité*
dont vous êtes les gardiens, et dont on a soif aux colonies. Ce
sera bien peu encore. Ce que je voudrais obtenir, moi qui fus
dans ces pays, l'homme de vos traditions, l'homme du droit,
de la justice et de l'impartialité pour tous, ce que je voudrais
obtenir, s'il était un pouvoir qui put le donner, c'est l'abolition absolue jusque dans les souvenirs des populations coloniales, de toutes ces procédures, de tous ces faits eux-mêmes
qui entretiennent et ravivent des discordes si malheureuses;
c'est l'apaisement de tous les cœurs; c'est l'intelligence et la
franche acceptation des choses nouvelles. — Votre arrêt et
la Providence, sans doute, aideront dans cette tâche tous les
hommes de cœur. »

M. l'avocat-général Sévin prenant la parole à son tour, a successivement combattu tous les moyens présentés et a conclu au rejet pur et simple du pourvoi.

Mais la Cour, après un délibéré de quatre heures en chambre du Conseil , rejetant les moyens généraux qui pouvaient eutraîner cassation au profit de tous les demandeurs, a néanmoins accueilli celui relatif aux *questions d'excuse* dont la position était réclamée dans l'intérêt *des accusés de rébellion*, et de *l'un des accusés de meurtre.*

En conséquence l'arrêt de la Cour d'assises extraordinaires de la Basse-Terre, en date du 18 avril 1850 a été CASSÉ ET ANNULÉ, ainsi que les débats, au profit de Jean-Pierre, habitation Laman ; — de Germain-Zami Claudic ; — de Laurent, dit Gringrin ; — de Guillaume Saint-Cyr ; — de Louis-Remy Arsonneau ; — de Lucien ;— avec renvoi devant la Cour d'assises de Fort de France, pour être procédé à de nouveaux débats. — Le pourvoi a été rejeté en ce qui touche les autres accusés et déclaré *non recevable à défaut de consignation d'amende,* en ce qui touche Germain , Cétout condamné à une peine seulement correctionnelle.

Ce résultat amènera devant les nouveaux juges du procès la discussion sur un point très-important, celui de savoir quelle a été l'attitude respective des accusés et des agents de l'autorité publique dans les malheureux événements de Marie-Galante en juin 1849, quelle a été la nature véritable et la cause impulsive des rébellions et des violences dont furent accusées les populations de cette île.

Voici l'arrêt de la Cour suprême dans la partie prononçant cassation :

ARRÊT.

Ouï , M. Victor Foucher en son rapport ;
Ouï , Me Gatine, avocat en la Cour, pour les demandeurs ;
Ouï , M. Sevin, avocat-général, en ses conclusions ;

— « Sur le 5ᵉ moyen tiré de la violation de l'art. 339 du Code d'instruction criminelle colonial, 2 et 3 de la loi du 22 juin 1835 ;

« Attendu que la question de savoir si les accusés se trouvaient dans le cas prévu par l'art. 441 du même Code, dont la défense avait demandé la position à la Cour d'assises, n'est pas une question d'excuse légale que la Cour d'assises soit obligée de poser, aux termes de l'art. 339, dès l'instant où la position en est requise ;

« Attendu qu'en effet, on ne peut considérer comme question d'excuse, dans le sens des art. 365 et 339 du Code d'instruction criminelle combinés, que celle dont la solution favorable a pour conséquence forcée, soit la dispense, soit une modification de la peine, et qui, ainsi résolue, constitue une déclaration de fait irréfrégablement acquise à l'accusé, obligeant le juge du droit dans l'application qu'il doit faire de la loi pénale ;

« Attendu que l'art. 441 du Code pénal autorise seulement la Cour d'assises, dans le cas qu'il prévoit, à diminuer la peine d'un degré, lui donnant également la faculté, suivant les circonstances, de ne tenir aucun compte de la solution favorable donnée à cette question ;

« Attendu dès-lors que le cas prévu par l'art. 441 ne réunit pas les caractères constitutifs de l'excuse légale et ne peut lui être assimilé ; que par suite, la Cour d'assises a pu, d'après les dispositions de l'art. 338 du Code d'instruction crimi-minelle et de l'art. 2 de la loi du 22 juin 1835, déclarer que ces questions ne se-raient pas posées, parce qu'elles ne résultaient pas des débats ;

— « Mais, en ce qui concerne les nommés Lucien, déclaré coupable de meurtre, et Claudic (Zami-Germain), Jean Laurent, dit Gringrin, Jean-Pierre (de l'habitation Laman), Guillaume Saint-Cyr et Arsonneau (Sainte-Rose-Rémy), déclarés coupables d'avoir pris part, *comme auteurs*, à une rébellion armée ee plus de dix personnes (1) ;

» Attendu que les défenseurs de ces accusés avaient conclu à ce qu'il fut posé des questions d'excuse relativement à Lucien, conformément à l'art. 213 du même Code ;

« En ce qui touche le nommé Lucien (2) ;

« Attendu que la question de provocation, dans les termes de l'art. 321 du Code pénal, avait pour conséquence, en cas de réponse favorable, de modifier et d'atténuer l'application de la peine dans les limites de l'art. 326 du même Code ;

« En ce qui concerne Claudic, Jean Laurent, dit Gringrin, Jean-Pierre, Guillaume Saint-Cyr et Arsonneau ;

---

(1) Les mots *comme auteurs* expliquent pourquoi la condamnation n'est pas cassée à l'égard d'Alonzo déclaré coupable seulement de faits *de rébellion*, mais *comme com-plice*, par machinations et artifices. L'excuse légale admise par l'art. 213, en faveur de ceux qui *se retirent*, au premier avertissement des autorités; *ou qui sont saisis plus tard, sans résistance et sans armes, hors des lieux de la rébellion*, ne peut profiter qu'aux *auteurs* engagés dans la perpétration directe et matérielle des faits.

(2) Il y avait d'autres accusés de meurtre; mais les conclusions prises pour la position des questions d'excuse étoient trop générales et la Cour d'assises parut n'en avoir été saisie spécialement qu'à l'égard de Lucien.

« Attendu que la question dont la position était requise en leur faveur, dans les termes de l'art. 243 du Code pénal, avait pour conséquence, en cas de réponse affirmative, d'exempter les coupables de toutes peines, sauf la faculté laissée au juge d'ordonner leur mise sous la surveillance de la haute police pour cinq à dix ans ;

« Que dès-lors ces questions constituaient des questions d'excuse légale et en avaient toute la portée ;

« Attendu que si antérieurement à la loi modificative des Codes criminels du 28 avril 1832, rendue applicable aux Colonies par la loi du 22 juin 1835, les Cours d'assises examinaient s'il y avait lieu de poser les questions réclamées par les accusés, cette faculté leur a été formellement enlevée par la loi précitée pour les questions ayant le caractère et les conséquences d'excuse légale ;

« Attendu que si l'art. 417 du Code d'instruction criminelle de la Guadeloupe, limite les cas où l'omission, l'inobservation ou la violation des dispositions de la loi, donnent ouverture à cassation de l'arrêt de condamnation, les art. 2 et 3 de la loi du 22 juin 1835 sont venus ajouter à cette énumération plusieurs nullités, parmi lesquelles se trouve explicitement spécifiée la violation de l'art. 339 sur la position des questions d'excuse ;

— « Par ces motifs, la Cour CASSE ET ANNULLE l'arrêt rendu par la Cour d'assises de la Basse-Terre, le 18 avril 1850, contre Lucien, Claudic (Zami-Germain), Jean Laurent, dit Gringrin, Jean-Pierre (habitation Laman), Guillaume Saint-Cyr et Arsonneau (Sainte-Rose-Rémy) ; ensemble les questions posées et les débats qui ont précédé ledit arrêt ; et pour être statué de nouveau sur l'accusation, renvoie lesdits susnommés devant la Cour d'assises de *Fort de France*, île Martinique, en état d'ordonnance de prise de corps, avec les pièces de la procédure ;

Ordonne qu'à la diligence de M. le procureur-général, le présent arrêt sera imprimé et transcrit en marge ou à la suite de la décision annulée ;

Fait et prononcé en audience publique de la chambre criminelle de la Cour cassation, le 11 décembre 1850.

www.ingramcontent.com/pod-product-compliance
Lightning Source LLC
LaVergne TN
LVHW010137060726
842524LV00005B/1977